ध्रुव तारा जल में

[कविता-संग्रह]

ध्रुव तारा जल में

विवेक निराला

राजकमल प्रकाशन

ISBN : 978-81-267-2970-8

मूल्य : ₹ 250

पहला संस्करण : 2017

प्रकाशक : राजकमल प्रकाशन प्रा.लि.
1-बी, नेताजी सुभाष मार्ग, दरियागंज
नई दिल्ली-110 002

शाखाएँ : अशोक राजपथ, साइंस कॉलेज के सामने, पटना-800 006
पहली मंजिल, दरबारी बिल्डिंग, महात्मा गांधी मार्ग, इलाहाबाद-211 001
36 ए, शेक्सपियर सरणी, कोलकाता-700 017

वेबसाइट : www.rajkamalprakashan.com
ई-मेल : info@rajkamalprakashan.com

मुद्रक : बी.के. ऑफसेट
नवीन शाहदरा, दिल्ली-110 032

DHRUV TARA JAL MEIN
Poems by Vivek Nirala

अनुक्रम

ध्रुव तारा जल में

भाषा

मेरी पीठ पर टिकी
एक नन्ही-सी लड़की
मेरी गर्दन में
अपने हाथ डाले हुए
जितना सीखकर आती है
उतना मुझे सिखाती है।

उतने में ही अपना
सब कुछ कह जाती है।

मुक्ति-पर्व

घाट पर कुछ सीढ़ियाँ थीं
कुछ तो दिख रही थीं
और कुछ जल में डूबी हुईं।
जल में कुछ पत्ते थे
कुछ फूल और थोड़ी राख थी।

पानी ठंडा था और
राख अब तक गर्म।
घाट पर कुछ लोग भी थे मगर
अपने-अपने कामों में व्यस्त।

सीढ़ियों से होकर ही
चढ़ना होता था और उतरना भी।
अभी उनमें कुछ परिन्दे बैठे थे
जिन्हें कहीं पहुँचने की जल्दी नहीं थी।

घाट पर पंडे थे
जिनके रंग-बिरंगे झंडे थे
उनके पास चन्दन और
तिलक का पूरा इन्तज़ाम था।

उनमें क्षोभ था मगर
सदाशयता नहीं थी
मुक्ति कविता में थी और
कविता घाट के बाहर कहीं थी।

निर्वासन

एक-एक कर
सब कुछ छूटता जाता है
यह देह, यह बोध
यह देहरी, यह क्रोध
मित्र, रिश्तेदार
सुत, दारा, घर, संसार।

यह अग्नि, यह जल
यह हमारा आज
बीता हुआ कल
यह सागर, यह नाव
यह विचार, यह भाव
यह शस्त्र, यह शास्त्र
यह मन्त्र, ब्रह्मास्त्र
यह शिष्य, यह ज्ञान
यह घृणा, सम्मान।

एक-एक कर
सब कुछ छूटता जाता है

हे ऋषियो!
यह ब्रह्मज्ञान नहीं
यही निर्वासन है।

संकटग्रस्त

भूमंडलीकरण के इस युग में
संकट ही संकट थे
स्थानीय लोग कुछ वैश्विक संकटों से जूझ रहे थे
और वैश्विक लोग स्थानीय संकटों से।

मेरा संकट मेरी टूटी खाट थी
जब कि मैं स्वप्न में था।
किसानों के पास कर्ज़ था और उद्योगपतियों के पास मर्ज़
सरकार को किसी से हर्ज़ न था।

खुदगर्ज़ सिर्फ़ हिन्दी का कवि था
लेकिन वह भी संकट से दुबराया था।
न उसकी किताब बिकती थी और न उसकी आत्मा।
उसके शरीर में जन्म से एक ही गुर्दा था
वह उसे भी नहीं बेच सकता था बस इसीलिए मुर्दा था।

स्थगित

लोग जहाँ-तहाँ रुक गए
बन्द हुआ
ईश्वर का सारा रोज़गार।

नदियों में न प्रवाह रह गया
न ज्वालामुखी में दाह
एक कराह भी थम गई।

प्रदक्षिणा दक्षिण में ठहर गई
और अवाम के लिए
तय बाएँ रास्ते पर
बड़े गड्ढे बन चुके हैं।

एक ही भभकती लालटेन
अपने शीशे के और काले होते जाने पर
सिर धुनती निष्प्रभ पड़ी है।

क्षण भर के लिए
आसमान से कड़की और चमकी
विद्युत में रथच्युत योद्धा
लपककर लापता हुए।

जीवन अब भी अपठित है
मृत्यु अलिखित और
समय अभी स्थगित।

स्त्री और स्मृति

स्त्री के अपने ही दुख थे
दुख की थोड़ी स्मृतियाँ थीं
स्मृतियों का अपना जल था।

जल था—थल था, कुछ दलदल था।

पानी की कुछ आवाज़ें थीं
आवाज़ों में कुछ पानी था
स्त्री की अपनी आवाज़ें
स्त्री का अपना पानी था।

कुछ स्मृतियाँ पानी की थीं
कुछ स्मृतियाँ दुख की
इन सबसे मिलकर स्त्री थी
थोड़े सुख थे
अनचाहे कुछ ज़्यादा दुख थे।

दुख का भी अपना ही जल था
जल के भी अपने कुछ दुख थे

कुछ-कुछ ऐसी ही स्त्री थी।

जूते

ये एक जोड़ी जूते थे
अपने वतन की
मिट्टी से सने हुए
और अँखुआए
आक्रोश की तरफ से
तने हुए
जो उपज रहा था
दुनिया के सबसे ताकतवर
आदमी के ख़िलाफ़।

ये सिर्फ़ एक जोड़ी जूते थे
तमाम नंगे पाँवों की
बारूद पर चलने की
बेबसी के विरुद्ध।

ये सिर्फ़ एक जोड़ी जूते थे
कर्बला को याद करते हुए

एक आवाज़ थी इन जूतों की
जिनमें मक्का बोलता था
जिनमें बगदाद बोलता था
जिनमें काबुल–कन्धार बोलता था

और जिनमें
तीसरी दुनिया बोलती थी
सबसे क्रूर शहंशाह के खिलाफ।

सुनो! हमारे वक़्त के बादशाह
तमाम बेवाओं और यतीमों
की आवाज़
कि बहुत खामोश मुल्कों की सड़कों पर
जब कोई नहीं बोलता
तो सिर्फ़ जूते बोलते हैं।

फिसलन

जिनके हृदय पाषाण थे
उन्होंने सारी संवेदनाओं का
एक मज़बूत बाँध
बना रखा था।

संवेदनाएँ ठहरी हुई थीं
इसलिए दिलों में
कवक थे, शैवाल थे
किस्म-किस्म के षड्यन्त्र थे
कई तरह के जाल थे।

अन्तर्मन में सफाई नहीं थी
जमी हुई काई थी।

काई में थी फिसलन
इसीलिए था विचलन।

लोकार्पण

एक-एक साँस भीख में
मिली थी
और हर कविता चीख में।

रोज़ सूर्यास्त के बाद एक रण
शुरू होता था
जिसमें हमें कोई संरक्षण नहीं था।

कोमल आवरण में
नंगई का कठोर आचरण था
जिसके पीछे
लोकतन्त्र का अपना व्याकरण था।

दरिद्रता से सना समर्पण था
जिसका भव्य लोकार्पण था
बहुत दिन हुए जब—
साहित्य समाज का दर्पण था।

निषाद-कन्या

मैं मछलियाँ बेचती हूँ
जल से ही शुरू हुआ जीवन
पृथ्वी पर, मेरा भी।

आदिकाल से ही अपने
देह की मत्स्यगंध लिए
महकती, डोलती
तुम्हारी वेगवती
कल्लोलिनी भाषा के प्रवाह में
मछलियाँ पकड़ती
अपने को खोलती।

मेरा ध्रुवतारा जल में है
मेरा चाँद, मेरा सूरज
जल में ही दिपता है
मेरे लिए आरक्षित नहीं कुछ
मछली भर मेरी निजता है।

अपने गलफरों से सिर्फ़ तुम्हारे लिए
साँसें लेती थक गई हूँ।
अपने घर लौट जाओ ऋषि!

तुम्हारे आत्मज संकल्पबद्ध हैं
और तुम्हारे पास
न अपनी जर्जर देह का कोई
विकल्प है, न परम्परा का।

ऋषि! लौट जाओ अपनी
अमरत्व और मोक्ष की
मोहक कामनाओं में।
मुझे तो इसी जल में
फिर-फिर जन्म लेना है।

मैं और तुम

मैं जो एक
टूटा हुआ तारा
मैं जो एक
बुझा हुआ दीप।

तुम्हारे सीने पर
रखा एक भारी पत्थर
तुम्हारी आत्मा के सलिल में
जमी हुई काई।

मैं जो तुम्हारा
खंडित वैभव
तुम्हारा भग्न ऐश्वर्य।

तुम जो मुझसे निस्संग
मेरी आखिरी हार हो
तुम जो
मेरा नष्ट हो चुका संसार हो।

सांगीतिक

एक लम्बे आलाप में
कुछ ही स्वर थे
कुछ ही स्वर विलाप में भी थे।
कुछ जन में
और कुछ गवैये के मन में।

गायन एकल था
मगर रुदन सामूहिक था
आँखों की अपनी जुगलबन्दी थी।
ख़याल कुछ द्रुत था कुछ विलम्बित।

एक विचार था और वह
अपने निरर्थक होते जाने को
ध्रुपद शैली में विस्तारित कर रहा था।

पूरी हवा में एक
अनसुना-सा तराना अपने पीछे
एक मुकम्मल अफसाना छिपाए हुए था।

इस आलाप और विलाप के
बीचोबीच एक प्रलाप था।

निष्ठा

वह औरत जिसके सिर पर
टोकरी भर मल है, आत्मा से निर्मल है
मगर, हृदय से विकल।

उसकी काया में अनगिन वैदिक घाव हैं।

पीढ़ियों से उसके
सिर पर
पीढ़ियों का बोझ है
जिससे पौराणिक दुर्गन्ध है।

उसके सामने वे पुरुष प्रतिमान हैं
जिनसे मापी जाती हैं सभ्यताएँ।
वह दिन में जिनके लिए
अस्पृश्य होती है
रात में उन्हीं की भुजाएँ फड़कती हैं।

यहाँ तक पहुँची है
वह औरत किसी शास्त्रीय रास्ते
से हाँफते और काँपते हुए।

यह कैसी बेबसी है
भूमंडल के अक्षांश और
देशान्तरों के मध्य
जब एक स्त्री के स्वत्व ने ग़ैर की
सारी समकालीन विष्ठा
को सिर पर उठा रखा है।

हत्या

एक नायक की हत्या थी यह
जो खुद भी हत्यारा था।

हत्यारे ही नायक थे इस वक़्त
और नायकों के साथ
लोगों की गहरी सहानुभूति थी।

हत्यारों की अन्तर्कलह थी
हत्याओं का अन्तहीन सिलसिला
हर हत्यारे की हत्या के बाद
थोड़ी खामोशी
थोड़ी अकुलाहट
थोड़ी अशान्ति

और अन्त में जी उठता था
एक दूसरा हत्यारा
मारे जाने के लिए।

ईश्वर

(अपने गुरु सत्य प्रकाश मिश्र के लिए)

लोग उसे ईश्वर कहते थे।

वह सर्वशक्तिमान हो सकता था
झूठा और मक्कार
मूक को वाचाल करने वाला
पुराण–प्रसिद्ध प्राचीन।

वह अगम, अगोचर और अचूक
एक निश्छल और निर्मल हँसी
ख़तरनाक चुप्पी में बदल सकता है।

मैं घृणा करता हूँ
जो फटकार कर सच बोलने
वाली आवाज़ घोंट देता है।

ऐसी वाहियात सत्ता को
अभी मैं लत्ता करता हूँ।

स्त्री-विमर्श

वे महिलाएँ जन्म से ही स्त्री थीं
वे आपस में
तय करना चाहती थीं कि दरअस्ल
समाज में वे हैं क्या ?

यह सब कुछ तय करते हुए
वे सचमुच दुखी हो गई थीं
कि उनकी काया पर
उनकी आत्मा का अधिकार
कितना कम है।

वे अपनी आत्मा की अनुकृति
और अपनी कथा की स्वीकृति चाहती थीं।

उन सबके मुकाबिल पुरुष थे
जो लगातार
संस्कृति की दुहाई दिए जा रहे थे।

मगर, एक पूरे विमर्श में
आधे लोग बमुश्किल शामिल थे
और हासिल चौथाई भी नहीं था।

अभिधा की एक शाम : नरबलि

एक छोटी शाम जो
लम्बी खिंचती जाती थी
बिल्कुल अभिधा में।
रक्ताभा लिये रवि
लुकता जाता था।

लक्षणा के लद चुके
दिनों के बाद
अभिधा की एक छोटी-सी शाम
धीरे-धीरे
करती रही अपना प्रसार
बढ़ती जाती थी भीड़
सिकुड़ता रहा सभागार।

रचना ही बचना है
कोहराम मचना है—
कहा कभी किसी ने
बे दाँत जबड़ों के बीच
कुतरे जाते हुए।

अहंकार से लथपथ
शतपथी ब्राह्मणों के

पान से ललाये मुख
से होते हुए आखिर
पेट में जा पचना है।

आयताकार प्रकाश पुंज
फैला है भीतर
बाहर शाम को
लील रहा अंधकार
मंच पर आसीन
पहने कौपीन
लकदक लिये घातक हथियार
आतुर थे करने को एकल संहार।

वायु-मार्ग से आए
ऋषिगण करते आलोचन
लोहित लोचन।

थके चरण वह वधस्थल
को जाता उन्मन नत-नयन।

माला और दुशाला को
डाला एक कोने में;
वध के पश्चात् रक्त
सहेजकर भगोने में,
तेज़ धार वह कटार
पोंछ-पाछ साफ़ कर
अन्तिम यह वाक्य कहा—
''हल्का है, बासी है कल का है,
डिम्ब है न बिम्ब है

अभिधा है, अभिधा है
अग्नि को जो अर्पण है
मेरी प्रिय समिधा है।''

तबला

किसी की खाल है
जो खींचकर मढ़ दी गई है
मढ़ी हुई है मृतक
की जीवन्त भाषा।

मृतक के परिजनों
का विलाप कस गया है
इस खाल के साथ।

वादक की फूँक से नहीं
खाल के मालिक की
आखिरी साँस से
बज रही है वह बाँसुरी
जो संगत पर है।

धा-धा-धिन-धा
और तिरकिट
के पीछे
एक विषादी स्वर है।

मरण

वे सब अपने-अपने गाँवों से शहर आ गए थे।
शहरों में प्रदूषण था इसलिए
वे बार-बार अंतःकरण को झाड़-पोंछ रहे थे।

वे अनुसरण से त्रस्त थे और अनुकरण से व्यथित इसलिए
पंक्तिबद्ध होकर इसके ख़िलाफ़
पावर हाउस में पंजीकरण करा रहे थे।

वे निर्मल वातावरण के आग्रही थे
उनके आचरण पर कई खुफिया निगाहें थीं।
वे बारहा अपनी नीतियों से मात खाते थे और भाषा से लात
क्योंकि उनके पास कोई व्याकरण नहीं था।

कई चरणों में अपनी आत्मा और स्मृतियों में बसे देहात को
उजाड़ने के बाद वे
अपनी काया में निरावरण थे बिल्कुल अशरण।
सबसे तक़लीफ़देह वह क्षण था
जिसमें निश्चित था उनका मरण
और इस समस्या का अब तक निराकरण नहीं था।

जूठा-झूठा

माई! कितने घरों के
जूठे बरतन माँज चुकी हो
कितनों का चौका अभी
जूठा पड़ा है?

कितने घिस गए हैं
तुम्हारे हाथ
जो हज़ार फूलों वाली डाली थे
तारों भरा आसमान थे

किन फौलादों की रगड़ से
पैदा हुई है वह आग
जिसने तुम्हारा अन्तर्मन तक
झुलसा दिया है माई!

बरतनों के साथ
कितने चेहरों की चमक
अब तक छूट चुकी होगी?
वे चेहरे जो
भीड़ में तुमसे संवाद
करना चाहते हैं
और एकान्त में सहवास।

तेरे सपनों के बाहर
माई सब कुछ जूठा है
तेरा सच ही सच है, बाकी
सब सचमुच झूठा है।

आओ माई! देखें-बूझें
आँखों से क्या अब रिसता है
यह जंजीर टूट जाने तक
इसे कौन-कौन घिसता है!

महाकवि और बच्चा

एक बच्चा दिन भर के
खेल के बाद
सो जाता था गहरी नींद में
और एक महाकवि
रात-रात भर जागता था।

महाकवि दुखी था
अपने स्वप्नों को टूटते
देख-देख रोता था
बच्चा सोता था
अपने मोहक सपनों में
बार-बार मुस्कुराता हुआ सुखी था।

महाकवि
विगत बचपने को ढूँढ़ता
लाचार और हैरान
बच्चा अपनी दुनिया में मगन
हर ख़ौफ़ से अनजान।

महाकवि कोई बच्चा तो नहीं
और बच्चों का खेल ही तो है महाकवि होना।

बूढ़े

बूढ़ा हो गया है विधाता
देवगण बूढ़े हो गए हैं
बूढ़े सप्तर्षियों ने मिलकर
आसमान में ही
एक खटिया बना ली है

वे उसमें विश्राम कर रहे हैं।

आचार्य शुक्र को ज़रा ने
जकड़ रखा है
सब असुर जर्जर हो गए हैं।

ऐरावत, कामधेनु, कच्छप सभी हो गए वृद्ध।

सारा ब्रह्मांड ही जैसे
बूढ़ों से भर गया है
सिवाय इस युवा पृथ्वी के
जिसमें पैदा हो रहे हैं शिशु।

नई वर्णमाला

क से कानून
ख से खून
ग से गुजरात
घ से घात
ङ खाली।

च से चाकू
छ से छूट
ज से जुल्मी
झ से झूठ
ञ सवाली।

ट से टाटा
ठ से ठठेर
ड से डंडा
ढ से ढेर
ण बवाली।

त से तिजोरी
थ से थक्का
द से दंगा
ध से धक्का

न से नाली।

प से पुलिस
फ से फिरौती
ब से बलवा
भ से भगौती
म से मवाली।

य से योरप
र से रार
ल से लूट
व से वार
सूरत काली।

श से शातिर
स से सलाम
ष से षड्यन्त्र
ह से हराम—
ज़ादा गाली।

क्ष से क्षोभ
त्र से त्रिशूल
ज्ञ से ज्ञापन
सब कुछ भूल
बजाओ ताली।

भगत सिंह को याद करते हुए

आज़ादी के साठ साल
पूरे हो रहे हैं
और तुम्हारे जन्म के सौ बरस
अब सोचना चाहिए
तुम्हारे वारिसों के बारे में।

अभी जारी हैं 'साम्प्रदायिक दंगे'
'अछूत समस्या' अभी जस की तस है
विद्यार्थी अपनी डिग्रियों को
रुपए में बदलने का
प्रबन्धन सीख रहे हैं
वे पार्टनर हो सकते थे
अगर उनकी पॉलिटिक्स सही होती।

बहुत ऊँची आवाज़ में बोल रहे हैं बहरे
अमेरिका के साथ परमाणु करार पर
अपनी पीठें और सदन की
मेजें थपथपाते हुए
वे परमाणु बम के लिए यूरेनियम
खरीदना चाहते हैं स्वत्व बेचकर भी।
किसी भी बिम्ब को एक बम में

बदलने को बेकरार वे बम का दर्शन नहीं जानते
वे बम का प्रदर्शन चाहते हैं।

हर भगवान अब इनसान का
खून पीने पर आमादा है
और बहुत से हरामज़ादे आज
भगवान बने बैठे हैं
उन्होंने ईश्वर को स्वर्ग से धकेल दिया है

और ईश्वर बौराया हुआ खुद से
सवाल पूछता है कि 'मैं नास्तिक क्यों हूँ'
कितने सिंघल और तोगड़िया
और अटल, आडवाणी, मोदी
बाढ़ी-दाढ़ी, मोटी चोटी, पाजी काज़ी
तुम्हारे प्यारे देश को एक बड़ी हाट में
तब्दील कर सब नीलाम कर देना चाहते हैं।

कोई जश्न मनाए भी तो कैसे
इस सठियाई हुई नकली आज़ादी का!

तुम्हारे खून की कीमत पर
जो खरीद-फ़रोख्त है सत्ता की
हम उस पर सामूहिक शर्म करते हैं।
हमारे जीने का
यह भी एक तरीका है
कि रोज़ थोड़ा-थोड़ा मरते हैं
हर साँस के साथ
अपनी ख़ता कुबूल करते हुए
साथी! हम तुम्हें याद करते हैं।

पास-पड़ोस

हम पेड़ के पास रहते हैं
पेड़ पर कुछ पक्षियों के घोंसले हैं
पेड़ एक घर के आँगन में है
एक घर के भीतर कई घर हैं।

पक्षी हमारे पड़ोसी हैं
पेड़ के पड़ोस में
और कई पेड़ हैं।
पक्षियों की एक पूरी बस्ती है
पेड़ों पर
पेड़ों का अपना मुहल्ला है।

एक दूसरे से खूब परिचित
हैं पेड़ और पक्षी

सारे पक्षी
सारे के सारे पेड़
हमें पुरखों
के नाम से जानते हैं।

षष्टिपूर्ति

(सीमा आजाद और विश्वविजय के लिए)

उत्सव है यह षष्टिपूर्ति का
चमक रही है संसद
अपनी थकान और झुर्रियों
को फेसियल से छिपाए
बासी मुँह कुछ
गोलियाँ गटककर आई
सद्भावना से सजी बैठी है।

क्या करूँ मैं
इस लिपे-पुते चेहरे का
चाकलेटी लिपिस्टिक से
रक्तपायी काले होंठों के दुराव का
क्या करूँ मैं
असित केशों में उलझे
आत्म-वधिक बचाव का।

लोगो! यह साठ का ठाठ है या
छब्बीस जनवरी सन् पचास की गाँठ
या संसदीय मर्यादाओं का
मेरा अपना पाठ है
क्या करूँ लोगो!
मेरा हृदय ही पत्थर है काठ है।

पासवर्ड

मेरे पिता के पिता के पिता के पास कोई सम्पत्ति नहीं थी
मेरे पिता के पिता को अपने पिता का
वारिस अपने को सिद्ध करने के लिए भी
अट्ठारह साल तक मुकद्दमा लड़ना पड़ा था
जैसे उनके पिता को
अपने होने की लड़ाई लड़नी पड़ी थी।

मेरे पिता के पिता के पास
एक हारमोनियम था
जिसके स्वर उसकी निजी सम्पत्ति थे
मेरे पिता के पास उनकी निजी नौकरी थी
उस नौकरी के निजी सुख-दुख थे।

मेरी भी निजता अनन्त अपने निर्णयों के साथ
इस पूरी निजी परम्परा में
मैंने सामाजिकता का एक लम्बा पासवर्ड डाल रखा है।

फटा हुआ कुछ

फटी आँखों देखता हूँ
यह फटी धरती
पुरखों की न जाने कब से परती।

फाड़कर पन्ना किसी ने
आज फेंका
किसी ने तीली जलाई
हाथ सेंका।

आशा भरी तकती हुई
आँखों ने देखा
फट गया शैवाल सा मन।

एक बच्चे की फटी थी जेब
एक स्त्री की फटी धोती
देखा ढाँपते मुख
बदला हुआ था हवा का रुख।

फटा जाता हृदय
उधड़ता आत्मा से देह का नाता
धुँधलके में विसर्जित
वे त्रिभुज, द्वीप, वलय।

हे प्रभु! औंधा पड़ा हूँ
याचना में नहीं
तुम्हारी यातना में
जैसे–तैसे फटता
कटता जाता है यह जीवन।

दिल्ली में एक दिन की राष्ट्रीय समस्या

दिल्ली हमारे देश की राजधानी है
इसलिए यहाँ की सरकारी समस्याएँ राष्ट्रीय होती हैं
एक दिन समस्या यह थी कि एक प्रदेश के राज्यपाल को
उसके प्रदेश के राजभवन तक पहुँचाया कैसे जाए?

महामहिम पिछले कई दिनों से दिल्ली में थे
और सरकारी खर्च पर महँगा इलाज करा रहे थे
वे नींद में बड़बड़ाते थे कि देश में अच्छे डॉक्टर नहीं
फिर भी अब वे पहले से स्वस्थ थे।
यह महाराजा के इलाज जैसी बात नहीं थी।

आमिर खान टेलीविजन पर महँगे इलाज और
महँगी दवाओं का अर्थशास्त्र समझा रहे थे
लेकिन मामला राज्यपाल का था और मुखिया के बिना
प्रदेश को नहीं छोड़ा जा सकता था बहुत दिनों तक
इसलिए उन्हें उनके राजभवन तक पहुँचाना ज़रूरी था
किसी संवैधानिक संकट उत्पन्न होने से पहले ही।

यह विकट राष्ट्रीय समस्या थी और
राष्ट्रीय समस्याओं के समाधान सदैव राष्ट्रीय होते हैं।

हमारे देश में बिना वार्ताओं के समाधान नहीं निकला करते
इसलिए एक ही दिन में वार्ताओं के कई दौर चले

पहले उपसचिव स्तर की वार्ता हुई
फिर प्रदेश और प्रधानमंत्री कार्यालय के बीच
प्रमुख सचिव स्तर की वार्ता हुई
तब जाकर हेलीकॉप्टर से उन्हें ले जाना तय हुआ।

आयुर्विज्ञान संस्थान से निकलकर बीमार महामहिम ने
उड़ान भरी अपने प्रदेश के राजभवन की
प्रशासन की जान में जान आई और
प्रदेश को संवैधानिक संकट से बचाने की राष्ट्रीय समस्या
का राष्ट्रीय हल निकाल लिया गया था।

कचरा

मेरी बहन कूड़ा बीनती है।

रोज़ पृथ्वी के एक सिरे से
दूसरे सिरे को नापती हुई और
मतलब की चीजें जाँचती
उदासी के साथ लौट आती है।

कूड़ा हो जाता तो सह लेती
मगर सात जनम क्या
एक इसी जनम में रोज़ रात को
पिटते-पिटते
और स्याह हो गई थी पीठ
सड़ गया था दाम्पत्य।

उसकी आँखें दो
झरती हुई नदियाँ हैं
जो कूड़े से पटी नहीं हैं।

निचाट अकेलेपन से
यह शहर पार करते हुए
महादेश के जनतांत्रिक सदन तक
एक ढेर है कचरे का लेकिन
बहन की उदासी को और गहराता हुआ।

फैसला

वहाँ आस्था और इतिहास
तर्क और सबूत और
समझौते की शक्ल में एक फैसला है।

वहाँ अमन है
एक अज़ीब ठंडापन है
जम्हूरियत का कलाम है
वतनपरस्ती को सलाम है।

वहाँ दो आँखें हैं
दो कान और दो हाथ हैं
सम्भावनाएँ और सदिच्छाएँ सब साथ हैं।
और यह इस तरफ भी है
और उस तरफ भी।

एक फैसले के बरअक़्स
यह दूसरा फैसला है
यही तो कला है।

आँखों में बाँधे पट्टी
प्रतिमा के हाथ तराजू
'जनम हमार सुफल भा आजू'।

मेरा कुछ नहीं

मेरे हाथ मेरे नहीं हैं
उन पर नियोक्ता
का अधिकार है।

मेरे पाँव मेरे नहीं
उन पर सफ़र लिखा है
जैसे सड़क किनारे का वह पत्थर
भरवारी— चालीस कि.मी.।

तब तो मेरा हृदय भी मेरा नहीं।

फिर तो
कुछ भी नहीं मेरा
मेरा कुछ भी नहीं
वह ललाट भी नहीं
जिस पर गुलामी लिखा है
और प्रतिलिपि से
नत्थी है मेरी आत्मा।

रूपक

(समाजवादी नेता स्व. मोहन सिंह के लिए)

उस आदमी के पास
एक पूरी विचार सरणि थी।

लोकतन्त्र में मेले थे
तमाम झमेले थे
और इन्हीं के बीच
उसने कितने ही पापड़ बेले थे।

उसके रक्त में एक दर्शन घुला था
रीढ़ अब धोखा दे रही थी
और खून
बनना ही बन्द हो चला था।

आँधियों में भी जो तने थे
सन् सतहत्तर से अब तक
उसके होने के मायने थे जिनके साथ
वह चला जा रहा था
अँधेरे में जगमग करता
अपने विश्वासों जैसे
लम्बे-लम्बे डग भरता।

वह अभी जो गुज़र गया
अभी तक तो हमारे साथ था

हमारी सदी में
एक पुल अधबना था
घड़ियालों से भरी नदी में।

अहंकार

उनका मैं इतना विशाल है
कि सब जो हैं
उन्हीं की बदौलत
जैसे-तैसे जी लेने की मोहलत भी।

आदतन, वे सब करते हैं
मगर, प्रचार का विचार कर
दूसरे को कचार कर
रायता और अचार बना देते हैं।

वे जो नहीं करते
जीव के कल्याण और सिर्फ़
आत्मा एवं प्राण के हक़ में।

सचमुच, वे असाधारण हैं
साधारण जनों के त्राता और दाता
प्रार्थना और आराधना की
लम्बी साधना से प्रसन्न।

वे ईश्वर नहीं हैं
वह तो उन्हीं का पैदा किया है।

भगवत बाबू

पूरी ज़िन्दगी मुश्किलों में
जिये भगवत बाबू।
कई बार लाचार हुए
उससे बाहर आए, उलझे
ऐसे ही साठ के पार हुए।

बीमार हुए
अस्पताल लाए गए।
कुछ दिनों तक लोग–बाग
मिलने आते रहे
फिर बन्द हुआ यह सब
कुछ ख़बरें बचीं
और कुछ अफ़वाहें।
फिर जैसे नहीं रहे वे।

अपने अब न रहने के यक़ीन में
बदलते बचे हुए
भगवत बाबू घर लौटे।

पृथ्वी घूमती रही और
शिशु का माथा चूमती रही।
फिर एक दिन जब

सचमुच नहीं रहे
तब बहुत निकट के लोग ही बचे थे
निष्प्राण देह के साथ।

स्मृतियों से बुहारे जा चुके
भगवत बाबू को
लोग अब याद भी करते कैसे
मुश्किलों में जिये ज़िन्दगी भर
आसानी से मरते कैसे!

कोरस

यह छोटी-सी बात नहीं है
शह तो तय है, मात नहीं है।

सदा सुहागन स्त्री मस्तक
दलित द्वार पर दे-दे दस्तक
देखे लूले-लँगड़े परिजन
वायुयान से लोकल बस तक

जात नहीं है, पाँत नहीं है
कह दो! ये आघात नहीं है।

जब सिर पर तलवार लटकती
हाय अस्मिता! बहुत खटकती
सबाल्टर्न से धींगामुश्ती
कहीं से लाकर कहीं पटकती

दाल नहीं है, भात नहीं है
दो कौड़ी औकात नहीं है।

कहानियाँ

इन कहानियों में
घटनाएँ हैं, चरित्र हैं
और कुछ चित्र हैं।

संवाद कुछ विचित्र हैं
लेखक परस्पर मित्र हैं।

कोई नायक नहीं
कोई इस लायक नहीं।

इन कहानियों में
नालायक देश–काल है
सचमुच, बुरा हाल है।

शिकायतें

आलोचक को शिकायत है—
रचनाकार घमंडी है
रचना एकदम ठंडी है
पूरी ग्लोबल मंडी है।

लेखक कहता फिरता है—
प्रकाशक तो शिखंडी है
पाठक की फटी बंडी है
व्यवस्था ही रंडी है।

प्रकाशक बड़बड़ाता जाता—
राजनीति गन्दी है
धन्धे में बड़ी मन्दी है
सरकारी खरीद पर पाबन्दी है
और स्साला लेखक
बात तो ऐसे करता है
जैसे बाण या दंडी है।

लेखन

एक जालिम तानाशाह
के ठंडे निजी कमरे से
बरामद कुछ चीज़ों में
एक डायरी और कुछ कभी न भेजी गई
चिट्ठियाँ थीं जो
शायद उसकी प्रेमिका को सम्बोधित थीं।

डायरी के हर पन्ने पर
लिखावट
आँसुओं के रंग की थी
चिट्ठियों का हर अक्षर
भावुकता से भीगा था।

अगर अनुमान भी प्रमाण है
तो हर हत्या के बाद
संवेदनशील और
हरेक चिट्ठी के बाद और निर्मम
होता जाता तानाशाह
जब लिखता था
तो अपने लेखन में
वह हत्यारा क्यों नहीं दिखता था?

सन्दिग्ध

इस विशाल जनाकीर्ण देश में
कुछ थोड़े से लोगों
के पीछे जासूसी निगाहें थीं
और यह बात
सत्ता से जुड़ा
पत्ता-पत्ता तक जान चुका था।

बर्र का छत्ता मानकर
इनके आसपास
रोज़ आग जलाई जाती थी
और इसके लिए सरकार से
विशेष भत्ता दिया जाता था।

परस्पर जुड़ी हथेलियों
की रगड़ से
एक आग झुलसा रही थी बहुत कुछ
जबकि वे थोड़े से लोग
सिर्फ़ नमस्कार कर रहे थे।

थोड़े से ये लोग
न तो सिद्ध थे, न प्रसिद्ध
मगर, किसी भी सन्देह से परे था
इनका सन्दिग्ध होना।

सहस्रार

महर्षि समाधि में सिर्फ़
अनाहत नाद सुन रहे थे।

पहले भ्रमर फिर किंकिणी
फिर वंशी और फिर वीणा
वे क्रमशः आठों चक्र
पार कर
पहले से ज़्यादा वक्र थे।

आश्रम के भीतर
सब उज्ज्वल था, पावन था
आश्रम से बाहर
कूड़ा था, जलप्लावन था।

महर्षि के तप में
तुक थी, ताल थी, नर्तन था
आश्रम की देहरी पर
धर्म-चक्र-प्रवर्तन था।

तपोवन में एक मुर्गा कमबख़्त
आधी रात को बाँग दे रहा था।

नागरिकता

(मक़बूल फिदा हुसैन के लिए)

दीवार पर एक आकृति जैसी थी
उसमें कुछ रंग जैसे थे
कुछ रंग उसमें नहीं थे।

उसमें कुछ था और
कुछ नहीं था
बिल्कुल उसके सर्जक की तरह।
उस पर जो तितली बैठी थी
वह भी कुछ अधूरी-सी थी।

तितली का कोई रंग न था वहाँ
वह भी दीवार जैसी थी
और दीवार अपनी जगह पर नहीं थी।

इस तरह एक कलाकृति
अपने चित्रकार के साथ अपने होने
और न होने के मध्य
अपने लिए एक देश ढूँढ़ रही थी।

उजाला

उजाले के पीछे
सात रंग हिले-मिले थे।

अब इसे आत्म-समर्पण भी
कह सकते हैं
और आत्म-तर्पण भी।

नवता का अर्जन था
यह आत्म-विसर्जन था।

इसके मुक़ाबले अँधेरा था
जिसका एक ही रंग था
और ढंग भी अलग ही था।

उजाला राहत शिविर में
था जबकि
अँधेरे के दुर्भेद्य किले थे
इन सबके
लम्बे सिलसिले थे।

आदिवासिनी

मैं जंगली लड़की हूँ
तुम लोगों की
कब्ज़े की लड़ाई में
बार-बार मात खाती हुई।

सबका मालिक एक—
है आज भी
अपनी सारी अर्थच्छवियों में।
जब उस एक के ख़िलाफ़
हम सम्मिलित खड़े होते हैं
तो तुम हमें नक्सली कहते हो।
तुम एकल न्याय के नाम पर
सामूहिक नरसंहार करते हो।

तुम्हें हमारे जंगल चाहिए
तुम्हें हमारी ज़मीन चाहिए
तुम अपनी सभ्य भाषा में
हमारे शरीर का ही अनुवाद करते हो
चाहे वह जीवित हो या मृत।

अपनी सभ्यता में
हमारी कला, हमारी संस्कृति,

हमारी देह और हमारे देश पर
कब्ज़ा करने वालों से
मैं कहती हूँ—
'जान देबो, ज़मीन देबो ना'
नफ़रत को
अपनी बोली से
तुम्हारी भाषा में रूपान्तरित करते हुए।

अयोनिज

मैंने अपने एक दोस्त को
आवारा कहा
तो वह एक पंछी में
तब्दील होने लगा।

उसने कहा कि
किसी बहेलिए के आने तक
वह मेरा शुक्रगुज़ार रहेगा।

उस दोस्त की गरदन
एक दूसरे दोस्त ने पंछी की तरह
पकड़ ली।
पहला बोल नहीं पा रहा था इसलिए
बार-बार अपना
सिर झटक रहा था।

बीच-बचाव करने आए
तीसरे दोस्त ने दोनों को अलग
करते हुए चूतिया कह दिया।

उसके इतना कहते ही
अभी तक कुछ भी

न बोल पाने से सिर झटक रहे
दोस्त ने ज़ोरदार आपत्ति की
इस शब्द पर
तीसरा अपना माथा थाम कर
रोने लगा तब जाकर
चौथे ने स्पष्ट किया कि
हममें से अयोनिज कोई नहीं।

स्वर्गारोहण

उस घर में
दो ही खिड़कियाँ थीं
और दो ही दरवाज़े।

एक खिड़की
घर के भीतर
खुलती थी दूसरी बाहर।
दरवाज़ा भी एक घर के
आगे था, दूसरा पीछे।

पीछे के दरवाज़े से
निकला जा सकता था चुपचाप
मगर, सिर्फ़ सामने से ही
आया जा सकता था।
बाहरी हवाएँ भी
सामने के दरवाज़े से आती थीं
या बाहर वाली खिड़की से ही।

घर की सारी सुगन्ध
और सारी आत्मीयता
दूसरी खिड़की के ही आस-पास घूमती थी।

उस घर में आठ चक्र और
नव द्वार नहीं थे
और वहाँ मनुष्य ही रहते थे इसलिए
उस घर के लोगों की
दैनिक यात्रा ही
उनका स्वर्गारोहण हो जाती थी।

नशा

उस आदमी को
सत्ता का नशा था।

जनता के बीच ऐसा धँसा था
कि वह लोकतन्त्र पर
बार-बार हँसा था
तानाशाही की
कई दफाओं में फँसा था
संविधान में संशोधनों-सा
ठँसा था।

उसके पास कीचड़ था
आदमी वह लीचड़ था
एक गन्दी गाली था
पूरा मवाली था।
नफ़रत की पुतली था
बमों की सुतली था
गोली था, बन्दूक था
बारूद का सन्दूक था।

चूँकि मामला गरम था
अब उसे अमरता का भरम था।

तितली

मेरी बेटी
फूलों-सी मेरी गोद में लेटी
अभी-अभी आई है
इस बेढब दुनिया में।

मेरी तितली!
आते ही चिटकी कोई कली
नीले नभ में दिखा एक नया नक्षत्र
बदली जिसे
कपड़े पहनाने चली।

मेरी बिटिया
मौसम की पहली बारिश
चमक रही है पूरी सृष्टि
माटी की सोंधी अरघान फैल रही है
यह मेरी अविनश्वर दृष्टि
नश्वरता से ही मानो खेल रही है।

मेरी आत्मजा
जैसे नया सितार सजा
मेरी कामना

जब भी नया कोई राग रचे
तेरा स्वर हो आरोही
तू होना ही विद्रोही।

निर्वाचन

निर्वाचन में
निर्वचन और निर्वसन हुई भाषा।

प्रत्याशियों ने अपने व्याकरण बनाए
और भरे-पूरे समास को तजकर
तमाम विग्रहों के साथ
दुरभिसंधियाँ कीं।

अर्थ और अनर्थ के सामने
भाव का ऐसा अभाव है
कि लगा ही नहीं कभी—
यह जनता का चुनाव है।

धर्म, ध्वजा, धन और धजा
का शंख बजा
कुल, गोत्र, क्षेत्र और जाति
के विभाजन से
न मनुष्य रह गया मनुष्य जैसा
न देश जैसा रहा देश
न भाषा बची भाषा की तरह
शक्ति के अधियाचन में
इस बार निर्वाचन में।

स्मृतियों के भीतर-बाहर

1

केन बहुत धीर और
प्रशान्त है
यमुना में मिलने से
पहले ही ठिठक गई जैसे।

खजुराहो के भित्ति-चित्र
प्राणहीन हो चुके हैं
रति-मुद्राएँ थम गई हैं।

एक जोड़ी स्तन
सूखकर लटक गए हैं
पूरी काया में पपड़ी है
वह भी जहाँ-तहाँ उखड़ी है।

यह किस शिव का श्राप है
यह किस कामदेव का पाप?

भस्म होकर भी
अपने पुष्प-शरों को साधे
भटक रहा हूँ
मेरी प्रिया! मेरी रति!

2

मुझे सचमुच नहीं पता
अब किसके लिए खिलते हैं फूल

यह पन्नियों-सा चमकता चाँद
किसके लिए रोज़
थोड़ा-थोड़ा कटता है।

किसके लिए जलता है
मन्दिरों में दीपक?

मुझे सचमुच नहीं पता
किसकी खातिर हैं घंटियाँ
प्रार्थना-अर्चना
मन्त्रों के उदात्त-अनुदात्त स्वर?

मुझे नहीं पता
कि हर इक बात में
क्या कुछ है जो नहीं है
अब इस क़ायनात में।

3

तुम्हारा ध्यान भगवान
में लगा था
और मैं अपनी समाधि
में आन्दोलित।

अपनी कामनाओं के लिए
एक पत्थर को पूजते-पूजते
पथरा गईं तुम्हारी आँखें।

कौन सी अगरबत्ती
सुलग रही है तुम्हारे भीतर
थोड़ा-थोड़ा
कुछ राख करती हुई।

आरती में
बज रहे मंजीरे की
झंकार है
या कि यह मृत्यु-संगीत।

बाहर विनय के पद
और मेरे भीतर अनहद।

4

किसके लिए
मारी-मारी फिरती हो
यहाँ से वहाँ

नाद से हीन
शब्दों सी
बिखरती हो किसके लिए

कौन सी गंध है
तुम्हें किए हुए बेचैन
जबकि तुम्हारी कुंडली में
कस्तूरी भी नहीं।

शाम होने से पहले ही
तुम्हें निकल जाना चाहिए

था किसी
सुरक्षित ठौर के लिए।

जबकि किसी को भी
ठीक-ठीक नहीं पता
जन्म, दुख
जरा, मरण
कहाँ जाओगी अब रात गए
कौन सी शरण?

5

तुमको दूर जाते
देखता हूँ।

चुपचाप जैसे
बिना कुछ कहे
चले गए थे सिद्धार्थ।

अलक्त रंजित
तुम्हारे चरण कुछ गुलाबी
निशान छोड़ गए हैं
नदी के किनारे तक।

कितना गहरा था
तुम्हारा अलक्तक
कितना गहरा है
हमारा राग
कितने हल्के हैं चरणचिह्न!

6

वह कौन सी नौका थी
जिसने तुम्हें पार लगाया
आधी रात के बाद
वे कौन सी नौकाएँ होती हैं
जो तिरती रहती हैं
और लोग
भवसागर तक पार कर जाते हैं?

वह कौन सी आवाज़ है
जो किसी को खींच लाती है
किसी के
बाहुपाश से बाहर?

और बाहर कैसा दुश्चक्र है
जिसमें प्रवज्या ही अन्तिम
विकल्प हो जैसे
किसी भी राग से रहित।

7

मेरे सीने में
न जाने कब का लगा
तुम्हारा सिन्दूर
अरुणोदय की तरह
फैल रहा है।

जो नहीं है
उसका ही तो ग़म
आतप में

क्षीण, श्याम, बेनूर
आब-ए-हयात नामंज़ूर।

8

तुम जो मेरा ख़्वाब थीं
तुम जो एक हक़ीकत
मेरी ज़िन्दगी में शामिल
तुम जो महज़ याद हो।

अपने कमजोर कंधों से
टूटी हुई डाँड़ों से
अपनी जीवन सरिता को
पार करता
मैं एक मल्लाह।

योजनगन्धे!
यूँ ही चला करे हैं
जैसे-तैसे सब धन्धे।

9

सिर्फ़ स्मृतियों के सहारे
क्या जिया जा सकता है
एक पूरा जीवन?

जबकि स्मृतियों के बाहर
ऐश्वर्य है, सुख है
सब प्रकार का
एक लम्बी नींद है।

और स्मृति के भीतर
इतिहास है

मेरा, तुम्हारा—हम सब का
एक गुज़रा हुआ ज़माना है
एक हाहाकार है।

स्मृतियों के बाहर
क्षुधाकुल देह है
निःशंक मन है
स्मृतियों के भीतर
दुविधा है, दूसरा ही जीवन है।

विरासत का सवाल

1

सियाह रातों के घने जंगल में
जब नींद के परिन्दों का
दूर तक पता नहीं होता
तब अकेले आखेटक की आत्मा
भटकती फिरती है
किसी वनवासी की तरह
लाचार और आत्म-समर्पित।

उस आखेटक से पूछो
उसकी यन्त्रणा के बारे में!

कितनी त्रासद होती है
शिकार की प्रत्याशा में बैठे
उस अकेले की
दो आँखों की बेचैनी
रह-रहकर फुफकारता उसका अधैर्य।

तुम पूछ सकते हो
शिकार होने वाले की
आँखों में तिरती

मृत्यु-पूर्व करुणा के पक्ष में हो
या कि बेचैन आँखों की तरफ़?

इस समय घोषित है
जो साथ नहीं
वह शत्रु है, विपक्ष में अनिवार्य।

2

सोचो, तो उस लकड़हारे
के बारे में सोचो
जो अपने लिए सियाह रातों में।

रोज़ थोड़ी-थोड़ी
लकड़ियाँ काटता है
अपने सपनों में आए
उस चमकीले ताबूत के लिए
जो वह अपने हाथों
बनाकर सौंप जाना चाहता है
किसी ईमानदार असहमति
के हाथों में सुरक्षित।

लकड़हारे की कुल्हाड़ी
लकड़ी पर चलती है
जितनी
उससे कहीं ज़्यादा
उन पर जिन्हें
ज़िन्दा लकड़हारे के बजाय
सूखी हुई लकड़ियों से मुहब्बत है।

बाहर कितना कोलाहल है
ढेरों विज्ञापन,
गीत–संगीत और
वह अपनी ख़ामोशी के परदे में।

अपनी इस चुप्पी की
नितान्त ग़लत समझ
के लिए अभिशप्त।

उसकी ख़ामोशी का ही
एक विशाल शामियाना था
जिसमें रोज़–रोज़ रात
अँधेरे का महोत्सव था।

जिसमें कुल्हाड़ी की
अपनी धुन थी
लकड़ियों की गुनगुनाहट थी
पीढ़ियों के लिए
उजाले की आहट थी।

अपने ही रक्त से भीगता
भागता है वह रात के बीहड़ों में
दिन का स्मरण करता
अपनी देह को मांस के लोथड़े में
बदलते देखता
मक्कार पंजों में दबोचा हुआ।

स्मृतियों के लोप का
यह दौर और वह
स्मृति को ही संस्कृति मानता
विस्मरण की धूल में लिथड़ा पड़ा है।

पिघल रही उसकी कुल्हाड़ी
अब और सख़्त
होती जा रही हैं लकड़ियाँ
पिघल रहा है शहर
का घंटाघर
और सख़्त हैं मासूम
लकड़हारे इरादे।
पिघल चुकीं ढालें
तलवारें और उदास क़ब्रें
सख़्त हुई जाती है उसकी आत्मा
बहुत सख़्त है
ये शाम की तनहाई भी
और पिघल रहे हैं
एक-एक कर
सूर्य के सातों घोड़े।

3

एक दिन सपने में उसने
अपनी सब लकड़ियों को
लड़कियाँ बनते हुए देखा
दारुण दुखों से
उन्हें फिर-फिर
देखता घिरते हुए
उठ खड़े होते
फिर बारहा गिरते हुए।

चीरी जातीं लकड़ियाँ
फाड़ी जाती
लड़कियों की अस्मिता, अस्मत।
आरी जैसी चमकती तेज़ निग़ाहों से

देह और आत्मा तक
उघाड़ी जाती लड़कियाँ।

कायर	पुरुषत्व
खुफिया खाप	पंचायतें
ग़रीब	पवित्रता
घरेलू	प्रेमपत्र
चतुर	परम्पराएँ
छद्म	पातिव्रत
जख्मी	पहचान
झूलते	परिवार

और इन्हीं सब
के बीच बेचैन लड़कियाँ।

उसकी कुल्हाड़ी
लड़की में बदल गई थी।
सपने में
लड़की वाली कुल्हाड़ी
कुल्हाड़ी वाली लकड़ी
लकड़ी वाला ताबूत
आपस में
सब गड्डमड्ड हो चले थे।

4

उस लकड़हारे को किसी
ज्योतिषी ने
उसकी मृत्यु की तिथि
बता दी थी।

उसके जीवन में ग्रह थे
ग्रहण था

ग्रहों में जीवन की सम्भावनाएँ थीं
सम्भावनाओं के होने तक ही
उसका जीवन था।

कुछ मित्र महादशाएँ थीं
कुछ सम अन्तर्दशाएँ
और कुछ शत्रु प्रत्यन्तर
भला क्या बचा बाह्य
बुरा कितना आभ्यन्तर ?

वह घटी पल गिनता था
बिखरा जीवन बिनता था।

नभ–नृत्य उसकी
नसों में था
सन्तुलित साँसों में उसकी
समीर–संगीत।
अग्नि- आँखों के धुएँ से
श्याम और भी श्याम
पुतलियां को फेरता जिधर
उधर मधुर चित्र बनते
पत्थरों पर पाँव धरकर
उसी ने तो
पहुँच के भीतर किए सब पूज्य
प्राण फूँके
किया पार्थिव।

जी में आया जब
जलधि में ज्वार आया
जीवन जगमगाया

केलि की कोमल कथा से
सृष्टि सिरजी।

काल का वह गणित ज्योतिष
फलित ज्योतिष
नक्षत्रों को नमन
ग्रहों का ग्रहण
कभी पूर्ण, कभी खग्रास
उसी की उठती-गिरती साँस
ताम्रवर्णी देह में
समय के नीले निशान
नील आत्मा का नीर
और भी नीला गगन
शून्य में ही मृत्यु की तैयारियाँ
ऐसा जतन।

5

लकड़हारे को अपनी सुनिश्चित
मृत्यु की प्रतीक्षा थी
अपनी सारी प्रतिज्ञाएँ पूरी कर
वह इत्मीनान से मरना चाहता था।

वह लोगों को
उनकी प्रिय पृथ्वी
दोनों ध्रुवों के साथ लौटाना
चाहता था
चिपटी हो चुकी दुनिया
फिर से गोल दिखलाना
चाहता था

वह विपक्ष को ज़्यादा मज़बूत
और ज़रूरी बतलाना
चाहता था।

जल, जंगल, ज़मीन
जनमत और जनहित के लिए
जीवित लकड़हारा
अब तक चौंकना भूल चुका था।

लाल-लाल लोचन
अब ज़र्द हो चुके थे
सरकारी घोषणाओं में
दहशतगर्द हो चुके थे।

हमारे देश के अधिकांश
संवेदनशील काठ थे
हँसना अश्लील था अब
दृगों के मज़बूत बाँध के भीतर
सारा जल बँध गया था
धड़कनें धीमी पड़ी थीं
जो इन सब से अलग थे
सिर्फ़ उन्हीं के ठाठ थे।

तयशुदा मौत से पहले पलों तक
ज़िन्दा रहते हुए
उसे दुनिया को जीने लायक
बना देने की ज़िद थी
अब वह अपनी पसलियाँ
गिनता था
या अपने बचे-खुचे दिन
या फिर वे नुकीली कीलें

जो उस ताबूत में ठुँकनी थीं।

इतिहास में
नहीं थे उसकी कुल्हाड़ी
के निशान
अपने समय के विचारकों में
शामिल नहीं थी
उसकी पहचान।
कविता और आख्यानों में नहीं था
लकड़हारे का योगदान
जबकि किसी आत्मा के
रहस्य के लिए उसे
हर्गिज़ नहीं गँवानी थी अपनी जान।

6

रातें... रातें... रातें...
अपनी सियाही में चमकतीं
पुरसुकून
महफ़ूज़ रातें
दिनदहाड़े वारदातें।
ऊपर–नीचे
वाम–अवाम
क़त्लेआम, क़त्लेआम।

ग्लानि पिघले ग्लेशियर–सी
बह चुकी थी
अपराध–बोध
अवशिष्ट पदार्थों की तरह
प्रदूषित नदियों में
पछतावा बस परछाँइयों में था।

ज्योतिष की ज्यामिति
का विश्वासी जीवित
वह लकड़हारा थका-हारा
हठीली हथेलियों पर छाले समेटे
देखता वे रत्न
जो दिखते नहीं थे उँगलियों में।

पुण्य का पुखराज
नींद का नीलम
प्रेम का पन्ना कहाँ कम
मँगली मूँगा
मुग्ध मोती बोलता वह
कहाँ गूँगा
लहसुनिया, गोमेद
एक थे सब बिना भेद-खेद
सब रत्न थे
या बेहतर जीने के
कुछ प्रयत्न थे।

ज्योतिषी की वह बताई
तिथि गई
नित नई तारीख भी
आती गई, जाती गई
वह मगर जीवित रहा
पाख बीते, मास बीते
ऋतु भी बदली
ताबूत बनकर पड़ा था
मृत्यु का लक्षित लकड़हारा खड़ा था।

7

रात को मद्धिम सुरों में
लकड़हारा जो कुछ गाता
कुछ बहुत अस्पष्ट रहता
कुछ सुना जाता
जिन्होंने सुन रखे थे तमाम किस्से
उन्हीं जुगनुओं ने मुझको सुनाए वे हिस्से
बहुत थोड़े गिने–चुने
जो उसे गाते सुने—

''बाअदब, बाहोशियार, लांग नाइन्टीज़ में।
य' कुल्हाड़ी तेज़ धार, लांग नाइन्टीज़ में।
हर जगह कविता खड़ी है आदमी के पक्ष में
हो बनारस या हिसार लांग नाइन्टीज़ में।
बाद नब्बे के लिए, उन्नीस सौ सत्रह की नाप
क्यों भला हो ऐतबार, लांग नाइन्टीज़ में।
सब सियासी कारनामे, हों बड़े या मुख्तसर
क़ैद में हम, वो फरार, लांग नाइन्टीज़ में।
ख़त्म उम्मीदें हमारी, बन्द सारे रास्ते,
क़त्ल अफ़सानानिगार, लांग नाइन्टीज़ में।
बीज उनके, खेत उनके और मिहनत आपकी
देखिए फस्ल–ए–बहार लांग नाइन्टीज़ में।
फिर महाजन ने बुलाया, फिर हुई है खुदक़शी
कर्ज़ के किस्से हज़ार, लांग नाइन्टीज़ में।
रात की आधी हकीक़त, दिन के दावे खोखले
बेक़रारी का क़रार, लांग नाइन्टीज़ में।
बेअसर नारे–प्रदर्शन, बेअसर हड़ताल भी
आन्दोलन दरकिनार लांग नाइन्टीज़ में।
ख़्वाहिशें मिट्टी में हैं और इन्साँ चाँद पर
मुल्क में टाटा की कार लांग नाइन्टीज़ में।

फिर वही मन्दिर के दंगे, मस्जिदों में वारदात
लापता परवरदिगार, लांग नाइन्टीज़ में।
वे मसीहा गुम हुए, जो दिखाते रास्ता
चाराग़र वे ग़मगुसार लांग नाइन्टीज़ में।
पक्ष अपना साफ़ है, जनतन्त्र का औ' सत्य का
जीत अपनी, उनकी हार लांग नाइन्टीज़ में।'

8

पोथियाँ, कुछ वनस्पतियाँ
बीज थोड़े
और ज़्यादा प्रेम रखकर
ताबूत में
उतनी ही बस जगह छोड़े
जहाँ सीधा लेट जाए
ले कुल्हाड़ी
जब कभी भी थमे नाड़ी।

वह ताबूत
मिथकों में मथता हुआ
प्रलय के उन पलों में
ज्यों मनु की नौका
सृष्टि की ख़ातिर जो तिरती
अनचीन्हे-अनजान किनारे
पर जा लगती जो
कुछ उसी-सा
नव-सृष्टि का वह दूत
ताबूत।

9

एक सुबह
वह मरा पाया गया
हाथ फैलाए।

आरक्त थीं सारी दिशाएँ
सूर्य था पिघला हुआ मूँगा
निपट नीरव
ताबूत में छोड़ी जगह पर
अंट गया शव।

विरोध में, प्रदर्शन में
विमर्श में, विश्लेषण में,
मनन में
जब मिलेगा यह ताबूत
तब इतिहास के संशोधन में
सभ्यता स्थापन में
दर्ज़ होंगी कोशिशें इसकी।

शायद कोई जान सके
लकड़हारे के हृदय की पीर
छटपटाती आत्मा का छलकता नीर।

दिन भर जनतन्त्र में भागता
बेहतर दुनिया के वास्ते
रातों को जागता
सालों से जो सोया नहीं था
लगा था अपने जतन में
मादर-ए-वतन में।

उसका चरखा, तकली, सूत
सत्य का आग्रह कुल्हाड़ी
अब सभी खंडित
और हम आत्म--दंडित।

अब, सब कुछ सूना है
जनता का दुख दूना है
वर्धा है, पूना है
इलाहाबाद है, गौहाटी है
एन.सी.आर. है, सूचना-संचार है
एक हाहाकार है
पहाड़ है घाटी है, पूरी परिपाटी है।

लकड़हारे विचारों से
थे असहमत
कई चिन्तक, कुछ विचारक
समझदारों के समर्थक
किन्तु, इस ताबूत को
अब तक नहीं कोई मिला।

वह सत्यप्रिय पूर्वज हमारा
लकड़हारा
ज़िन्दगी की आखिरी सौगन्ध लेता
आचरण का अनुबन्ध देता
एक अदद वारिस की
तलाश में

अंट गया ताबूत में
उस लाश में।

आज भी
सियाह रातों में भटकती
उस आत्मा को एक
वारिस चाहिए।

सलेटी उजालों में
दूधिया-सी शाम में
क्रूर कलिकाल है
लकड़हारा है, ताबूत है
फिलहाल... है
और यह विरासत का सवाल है।

चार पुरुष और स्वर्ण युगों पर शोकगीत

1

हम चार दोस्त थे,
बिल्कुल आवारा, लेकिन
संस्कृति के प्रश्नों को
अपने कन्धे पर उठाए
संस्कृतिकर्मी कहलाने को उत्सुक।

हम अपने इतिहास को
लेकर सिर धुनते
हम जीवन के ठाठ अनश्वर
बिनते-चुनते।

हम प्रश्नाकुल
दीवारों पर जगह-जगह
प्रश्नचिह्न टाँगें
हम भोले बचपन-से
अपने-अपने उत्तर माँगें।

सत्ता के गलियारों की
आपा-धापी में
अक्सर वन्दन अभिनन्दन
कीर्तन-भजन-पूजन।

हम निर्जन में जैसे बन्दी
बहुत अकेले
पाँवों में चलने की सूजन।

परम विकट पथ चुना हुआ
अपना ही था
यह थकान-सुस्ती-ढीलापन
अपना ही था
रेशे-रेशे बिखरा जीवन
अपना ही था।

सन्नाटे में
प्रश्न-उत्तरों की उधेड़बुन
सभी शास्त्र-ग्रन्थों को पढ़-गुन
आगे बढ़ते अपनी ही धुन।

यूँ तो संगी विरले मिलते हैं
फिर भी दोस्त बने थे चारों
कवि, किस्सा-गो
इतिहासकार और ख़बरनवीस।

किस्सा-गो, वह प्रथम पुरुष
बेलगाम घोड़ों पर
हर समय सवार
किधर जाएगा, किसे ख़बर?

उसके हाथों में काठ की
दो तलवारें हैं
माथे पर दुश्चिन्ताओं
की सतरें हैं।

खुद कहता है— शापित है
उसने भी मुट्ठी तानी थी
दुर्वासा के शाप से इतना थर्राया
अब एड़ियाँ घिसा करता है।

फूट रहा है कोढ़
इसलिए अँगौछा ओढ़
चिड़ीमार-सा
परिन्दे पकड़ता है, उड़ता है
अकेले में कुनमुनाता है
रोज़ एक नया किस्सा सुनाता है।

द्वितीय पुरुष—
वह कवि जिसने
आस्तीन में साँप की तरह
आँखों में सपने पाले हैं

उनमें से कुछ को ही
सच होते देखा
कुछ सपने नाकामी के
कुछ भयावने
कुछ सपने
सपने तो क्या, गड़बड़झाले हैं।

फिर भी नाउम्मीद नहीं है
उम्मीदों की फसल काटकर
अपनी खाली जेबों को भर
वह आगे बढ़ता जाता है।

अपने समय के जितना भीतर

उतना बाहर
वह वामन अपने छोटे क़दमों से ही
युग-युग को नापा करता है
छन्दों को तोड़ता-जोड़ता
जीवन की लय
पकड़ता-छोड़ता
प्रियवाची काव्य-पुरुष।

तृतीय पुरुष—
इतिहासकार वह स्वतन्त्र
बहुत अहिंसक
युगों-युगों की राख कुरेदता
सत्य-शोधक।

उसका जीवन अभिशप्त शिला
जिस पर नहीं लिखा गया
कोई लेख
कद-काठी का
गर्वोन्नत विजय स्तम्भ
साम्राज्यों के उत्थान-पतन
की बातें करता।

राज-व्यवस्थाओं का
वह विश्लेषक
अपनी झोली में
जब भी हाथ डालता है
एक नायाब चीज़ निकालता है।
काले-लाल-धूसर मृदभांड
सोने, चाँदी, चमड़े के सिक्के
कटी-फटी प्रतिमा

अथवा अन्नादि के जले हुए कण।

अपने औजारों से वह
हथियारों को परखा करता
लिए हुए एक सन्दूकची
चलता-फिरता
सभ्यता का सांस्कृतिक अजायबघर।

चौथा पुरुष— पत्रकार
स्कूप तलाशता
दौड़ता-भागता
सम्पादकों पर लानतें भेजता
मालिक को गरियाता
चोरी-डाका-दुराचार
थाना-कचहरी-तहसीलदार
सबको साधते पस्त
लोकतन्त्र का चौथा पाया।

अपने समाज का वह प्रहरी
समझा करता है
सत्ता की
सब चालें गहरी
पूर्वजन्म के नारदोचित
संस्कारों से
जगह पर, समय पर उपस्थित।

2

हम थे चार पुरुष
आपस में लड़ते-झगड़ते
स्वर्णयुग का हर यूटोपिया
हमको आकर्षित करता था।

कुत्ते की तरह हाँफते हुए
हम उस तक
किसी भी सूरत में
पहुँच जाना चाहते थे।

बदहाल, लगभग मनुष्य विरोधी
स्थितियों में
अपने जीवन को झेलते
अपने एक जैसे जीवन को काटते।

हमने अपने को ही खाकर
भूख मिटाई
हमने अपना लहू चाटकर
प्यास बुझाई
खुद को समिधा मानकर
हमने आहुति दी
तिल-तिल
देह गलाते गए
अन्तस् को जलाते गए।

हमने तक़लीफ़ों को छूकर
महसूस किया
पीड़ा को सीने में धरकर
समझा है
जो कुछ भी देखा और जाना
जितने अंशों तक
हमने सत्य को पहचाना
उतने तक
वैसा कहने के खतरे उठाए।

अपने समय को
नपुंसक कहकर
हम किसी स्वर्णयुग की
जालिम कल्पना में तल्लीन थे
अपने सीमित और भोंथरे
हथियारों पर
हम बहुत गर्व करते थे।

हम लड़ाकू थे
एकदम मौलिक
विचारों की लड़ाई में
समान रूप से निपुण
हम चारों
पीठ पीछे वार नहीं करते थे
हम प्रतिपक्ष को
पूरा मौका देते थे,
इसलिए अपने को नैतिक कहना
हमें अधिकार की तरह लगता था।

हम विचार को
विचार से परास्त करना
चाहते हुए भी
बार-बार खुद हार जाते थे
क्योंकि प्रतिपक्ष
विचारों की लड़ाई को
अपने कूड़ेदान से शुरू करता था
और चाकू पर
लाकर खत्म कर देता था।

दरअसल
मायावी था हमारा शत्रु

वह नए रूप धरता जाता था
और उसकी शिनाख़्त मुश्किल थी।

अपने सबसे अच्छे समय
के हम लोभी
मरुस्थल में गिरते-पड़ते
कितनी ही आँखों में गड़ते
हर सूर्योदय के बाद
जब हम निकलते
तो यह सोचकर कि लेकर
आएँगे कोई न कोई स्वर्णकाल
या तो मौत हमें वापस
एक साथ मिलने नहीं देगी।

इस तरह हमने
उन तमाम लोगों को बेवज़ह
डरा दिया था
जो हमें कुछ दिन और
जीवित देखना चाहते थे
वे लोग
अपने अच्छे दिनों के
न आने से खीझे हुए
पोलियो के कारण
दोनों पाँव की ताक़त खोए
रोगी की तरह
अपने हाथों में
हवाई चप्पलों के साथ
घिसट रहे थे।

बेहद डरे हुए खभ्भड़
वे सिर्फ़

इस देश का नागरिक
बने रहने की
जद्दोजहद कर रहे थे
वे एक अदद
मतदाता पहचान-पत्र
हासिल करने के लिए
बार-बार फोटो खिंचा रहे थे
परन्तु हर बार उनकी मानवाकृति
बैल में बदल जाती थी।

वे सब
हमारे ही प्रियजन थे
और हमारा
अवांछित भविष्य हो सकते थे।

कुछ लोग बिल्कुल चुप थे
जिन्होंने कई बार
नाजुक मौकों पर हमें
आत्महत्या का परामर्श दिया
वे सब आत्म-वध को भी
क्रान्ति मान चुके लोग थे।

हमसे पहले भी आए थे
सब सच-सच कहने वाले
दुनिया को अपना
शोधा सच बतलाने वाले
दुख है तो
दुख का कारण समझाने वाले
समतल धरती को
गोल-गोल दिखलाने वाले।

3

वसन्त की पहली सुबह
जब हम जागे
हमें सामने खड़ा मिला
एक दिव्य पुरुष
ऐसा जिसे देखते ही
उमड़ पड़े श्रद्धा।

उसकी लाल-लाल आँखों
के भीतर एक साथ
चारों ने झाँका

और किसी सम्मोहन में
बँधकर बैठ गए
अपने से वंचित।

उसने हमसे कुछ भी न कहा
इस तरह हमारे साथ रहा
उतने समय में भीतर-बाहर
कि हम आतंकित होने लगे थे।

उसका होना
एक तड़प का होना था
एक छटपटाहट
उसके साथ चली आई थी
हमारे भीतर
इसीलिए भय था।

हम चाहते थे कि बने रहें
हम जैसे हैं, वैसे ही

तो क्या हर्ज़ है?

लेकिन, वह न तो हमें
और न दुनिया को
इस तरह देख सकता था।
वह मौन में भी
सिर चढ़कर बोलता जैसे
वह बोलता तो
श्रोता बेचैन हो उठते
वह अदृश्य होता
तो और गहरा जाता उसका एहसास।

वह महात्मा नहीं
ज्ञानी नहीं वह
नास्तिक नहीं
अभिमानी नहीं
कोई नजूमी नहीं, वह प्रियंवद।

वह चाहता था
कि हम जिएँ उसकी तरह
मगर वैसे हम जी नहीं सकते थे
वह चाहता था
कि हम सोचें उसकी तरह
मगर वैसे हम सोच नहीं सकते थे
वह चाहता था
कि हम हो जाएँ उसकी तरह
मगर हम उसकी तरह
व्याप्त नहीं हो सकते थे।

अपनी छोटी-छोटी

सीमाओं के हम क़ैदी
उसका कहा नहीं मान पाए अभी
हमने हृदय से
उसके अभिनन्दन किए
असहायता की सारी लाचारी के साथ
फिर मिलने के आश्वासन पर
हम चारों
अलग-अलग दिशाओं में चले।

4

हम चार दोस्त
चार दिशाओं में
बीते कल की डोर पकड़कर
अतीत के कुंडों में
डुबकियाँ लगाते
काश! हाथ आ जाए
कोई स्वर्णयुग।

प्रथम पुरुष ने
कूच किया सरयू की ओर
किस्सा-गो वह
रामराज के किस्से में
डूबा-उतराया
कई माह सरयू के तट पर
कभी-कभी
जल भीतर घुसकर
रहा खोजता एक स्वर्णयुग।

उसे एक स्त्री मिली
स्वर्ण प्रतिमा में बदली हुई

अपनी माँग में
किसी राजा के नाम का सिन्दूर भरे हुए
उसके दोनों ओर
दो बच्चे थे मरे हुए
एक ऋषि मिले
अपने श्वेत केश खुजलाते
और लगभग शाप की तरह
मिली हुई लम्बी उम्र पर पछताते।

उसे एक हिरणी मिली
किसी राजकुमार की छट्ठी में
सीझे हुए
अपने हिरण की गन्ध से व्याकुल
इधर-उधर भागती
उसे एक धोबन मिली
सब दाग़ धोती
रात-रात भर रोती-जागती
विगत कल में, सरयू जल में।

होता तो मिलता
न स्वर्णयुग राम का।

कनक भवन की परिक्रमा कर
मक़तूल शम्बूकों से डर
सरयू से मुँह मोड़
अपना अँगौछा छोड़ वह भागा।

सरयू में गोते खाकर
जाना उसने अवध में जाकर
रामराज स्वर्णयुग होता

तो सरयू भर पानी में
क्यों डूब मरते भगवान?

द्वितीय पुरुष–कवि
चला गया उज्जयिनी
महाकाल के मन्दिर में गिरा
वह जाकर, गश खाकर।

मालवा के आकाश में
उसने मेघों से होड़ लगाई
भटकता रहा बहुत दिनों तक
कालिदास की उज्जयिनी में
मेघदूत, यक्ष अथवा
विरहिणी प्रिया को
न पाता हुआ कवि
लौटा महाकाल के पास
न वैसी उज्जयिनी
न वैसे चन्द्रगुप्त न कालिदास।

स्वर्णयुग भी वह क्या भला
जिसमें कोई
सिसकियाँ भर–भर रोता हो
कोई गान भी गाता हो
तो दुख से फट पड़ते हों मेघ
कोई भीतर–भीतर जलता हो
और बढ़ जाता हो
पूरी पृथ्वी का तापमान।

बिना किसी तर्क
आगत और विगत का फ़र्क़

इस सोने का
इस युग का हो बेड़ा गर्क़
हाय कितना विष
कैसा नर्क!

कवि बेहद निराश हुआ
और पहले से ज़्यादा
उम्रदराज़ दिखता हुआ
वहाँ से लौटा।

अपने सुख और श्री से वंचित
गँवाकर अपना
सब कुछ संचित
भीख माँगते मिले
कवि-कुल-गौरव कालिदास।

तृतीय पुरुष
उस इतिहासकार ने
मुस्कुराते हुए अग्नि में प्रवेश किया
स्वर्णयुग लाने की खातिर
वह खुद गोया कुन्दन बन
जाना चाहता था
यह था पूर्ण समर्पण उसका।

अग्निद्वार पार कर
पहुँचा यमुना-तट पर
मुग़ल काल में।

कहाँ गया वह मुग़ल स्वर्णयुग
ढूँढ़ा फिरा वह

दीन-ए-इलाही
मगर मिली बस उसे तबाही।

मिले उसे
छोटी-सी कुटिया में
लगभग अज्ञातवास झेलते
मानस पर जमा
धूल की परतें
पोंछ-पाँछकर साफ़ करते
जर्जर तुलसी।

विनय पत्रिका का अकाल
इतिहासकार को
पहली बार दीखा।

पहली बार ही उसने जाना
जैसे मिट्टी की
परतों के नीचे और परत
वैसे ही इतिहास के नीचे
एक और इतिहास।

कह ही दिया जाता है अकथ्य
एक सत्ता के समानान्तर

दूसरी सत्ता
सत्य की, साहित्य की।

अबुल फजल, अल बरूनी
स्मिथ, हेग, टॉड वगैरह
जब लिखते हैं इतिहास

मुस्कुराते हैं स्वर्णयुग।

कोई स्वर्णयुग
जब मक़बरे में तब्दील
होता है
तब सिरहाने के पत्थर पर
चीखता है झूठा समाधिलेख।

हताश इतिहासकार
वह तृतीय पुरुष
सीकरी के
एक लाल पत्थर
पर सिर पटककर
रोने लगा
उड़ चले खून के छींटे
टूट गया विश्वास
उसके फटे हुए सिर के साथ।

समय के शिलालेख पर
दर्ज़ हो शायद कभी
एक टूटा हुआ इतिहासकार
और उसके रक्त से
हुआ और गहरा वह लाल पत्थर।

खून से भीगा
इतिहासकार
डूबते सूर्य की तरह लौटा।

चौथा पुरुष
लोकतन्त्र का चौथा पाया थामे

हवा को सूँघता
और वायु के साथ ही
पहुँचा नेहरू के युग में।

आधुनिक भारत के
स्वर्णयुग की तलाश में
टकराया भूल से
किसी की छाती में
गड़े त्रिशूल से।

छुरों और कटारों से
लुकता-छिपता वह भागा
खुली आँख
स्वर्णयुग ढूँढ़ा
तभी दीखा कोने में
हे राम! कहता एक बूढ़ा।

अचानक दृश्य बदला
और उसने देखा
खून की एक गहरी लकीर
जहाँ बाँट रही थी
इस महादेश को
ठीक वहीं
गोली चली
और मारा गया इतिहास-पुरुष,
अकाल-पुरुष वह वृद्ध।

उसकी आँखें
कीचड़ से चिपचिपी हो चलीं
उसके नथुनों में

प्राणवायु के साथ
घुसने लगी सड़ रही लाशों की दुर्गन्ध।

जरायमपेशा लोगों का
पूरा जमघट लगा हुआ था।

आश्चर्य और सन्ताप
के मिश्रण से
वह भरभराकर गिर पड़ा।

खुदाई खिदमतगारों की
मदद से किसी तरह
एक रेलवे स्टेशन
पहुँचकर उसने पाया
कि यह शहर चंडीगढ़ था
और उसका
'प्रेस-पास' कहीं गिर चुका था।

वायु-गमन के बाद
रेल से पहली बार बिना टिकट
यात्रा में
पकड़े जाने के भय से
वह गन्तव्य स्टेशन से पहले ही
आउटर पर
चलती ट्रेन से कूद पड़ा
और अपने हाथ-पाँव तुड़वा बैठा।

5

हम चार पुरुष
चार दिशाओं में

जल, नभ, अग्नि और वायु
से आत्म-लज्जित
खाली हाथ लौटे हुए
जब मिले
तो एक दूसरे से गले लग-लग
खूब देर तक रोते रहे।

शिशिर की घोर रात में
काँपते हुए
चार पुरुष हम
उस वसन्त का स्मरण करते
जिसमें मिला था दिव्य-पुरुष।

यह अँधेरी रात थी
और हम सब शीत से आतंकित
तभी हमें ईशान कोण से
आता हुआ
जलती हुई मशाल-सा
दीखा वह दिव्य-पुरुष।

उससे हमने अपने सब
दुखड़े कह डाले
अपना-अपना आँखों देखा
सच बतलाया
हमने अपने घाव दिखाए
अपने भयावह अनुभव
उससे बाँटते-बाँटते
हम चारों
एक बार फिर रो पड़े।

विलाप और करुणा के बीच
सिगरेट सुलगाते हुए
दिव्य-पुरुष घूमा।

एक लम्बा कश खींचकर
हमारी ओर पीठ कर
जोर से बोलना शुरू किया उसने
वक्तव्य दे रहा हो मानो
सम्बोधित करते हुए पूरा हिन्दुस्तान—
''किसी स्वर्णयुग के
दमकते हुए सोने की
नक्काशी के भीतर
अगणित घाव
अनवरत रक्तस्राव।

सबसे जोखिम है इतिहास
में उत्खनन।

सिंहासनों पर
बदलते हैं शासक जैसे-जैसे
सल्तनतें बदलती हैं
वैसे-वैसे निष्ठाएँ
और काल के पत्र पर
सरकारी मुहर के साथ
अंकित हो जाता है
अंगार के समान चमकता एक स्वर्णयुग।

किसी भी कालखंड के
ज़ख़्म कभी नहीं भरते
वक़्त भर भी नहीं सकता

कोई ज़ख़्म
किसी युग के ज़ख़्मों से
रिसता हुआ लहू
इतिहास से ज़्यादा
साहित्य में दाखिल होता है।

किसे कहते हो स्वर्णयुग—
जिसमें जागता है कवि
रात-रात भर
या वह जिसमें
रातें नागिन-सी डसा करती हैं
वह कौन सा स्वर्णयुग
जिसमें कोई फरियादी
निरन्तर रोने और
कभी भी नींद भर न सोने
की शिकायत करता है।

कौन वह स्वर्णिम काल
जहाँ दुर्भिक्ष-अकाल
फटता है धरती का कलेजा
एक भूमिजा स्त्री
हारकर फिर
धरती में समा जाती है
अथवा समानता की माँग पर
एक दलित
क़त्ल कर दिया जाता हो जिसमें।

इतिहास से बाहर
एक कविता
क़ैद कर लेती है

इतिहास–पुरुषों के
जूतों तक के निशान।

इतिहास में सुरक्षित होंगे
अशोक महान होकर
वहीं, कहीं आस–पास
समुद्रगुप्त, विक्रमादित्य, अकबर
कितने शक, कितने हूण
कनिष्क के साथ कितने कुषाण
मंगोल, चोल, चन्देल
परमार, सिसोदिया और चौहान।

लेकिन वह कौन स्वर्णिम अतीत
जब कोई कुचलवा दिया जाता है
उन्मत्त हाथी के पाँवों तले
किसी का हाथ
काट लिया जाता है।

किस काल में होता है प्लावन
पोत में बचाए जाते हैं
किसी तरह बीज–ज्ञान
कब फटते हैं ज्वालामुखी
भूमि कब होती है कम्पायमान।

सब कुछ निषिद्ध
होता है किस समय
खत्म हो जाते हैं
सारे अधिकार
शेष रह जाते हैं बस कर्तव्य।

आप समझते होंगे
वह कौन-सा समय होता है
जब अँधेरा
जीवन का
बीजशब्द बनता जाता है
हिंसक पशु
खुलेआम घूमा करते हैं।

स्वर्णयुग
जो तुमने चाहे
मेरे लेखे
वह कठिन समय, वह बुरा समय।

स्वर्णयुग के लिए
पीछे मत लौटो मेरे बच्चों
आगे बढ़ो
तुम्हारे बिना
कोई स्वर्णयुग होगा कैसे?
तुम अपने भावी सपनों
का निर्माण करो
मायावी अतीत कारा है
इससे बाहर निकलो।''

इतना कह उस दिव्य-पुरुष ने
अपने बाएँ हाथ को झटका
सिगरेट
बुझ चुकी थी अब तक
जिसे उसने मसलकर फेंका।

इससे पहले

कि उसके लम्बे वक्तव्य से
बाहर आ हम
कुछ कह पाते
वह काँपते हुए
एक प्रकाशवृत्त में बदला
और फिर गुम हो गया।

6

कई-कई दिनों के जागे
हम चारों जो विफल अभागे
निश्चिन्त होकर सोए
बहुत दिनों तक खोए-खोए
भावी जीवन के स्वप्नों में
उठे तो फिर भूख के साथ।

हम अपने समय से
खाए हुए लात
करना चाहें अब
नए दिनों की बात
मगर अब भी मुश्किलें बहुत थीं।

गांधी अब महज़
एक मजबूरी का नाम था
ब्रह्मचर्य-नहीं वर्य
नपुंसक बनाता जो
अहिंसा के नाम पर
कनपटी पर तमाचे
ऐसे में कौन अब
गांधी को बाँचे।
मजबूरी का नाम था

पूरा विचार ही
लाचार और बेकाम था।

अब उसके नाम पर
डोलता नहीं पत्ता
घिस-घिसकर नाम उसका
चोंथ-नोच डाली सत्ता
ये बदलाव के दिन
अलबत्ता...।

शक्तिपात
समय आपात
संवैधानिक अधिकार ही
करते आघात।

लोहिया और जयप्रकाश
अन्धकार में हारे
व्यर्थ हो चुके जैसे
चिन्तक सब लस्त-पस्त
संगठित आन्दोलन
हुए पथभ्रष्ट-न्यस्त।

नक्सलबाड़ी के
शहीद मजदूर-किसान
आत्महत्या को विवश नौजवान
अधूरे ही रहे ख़्वाब
हर बार हर सवाल
रह जाता लाजवाब।

शासक और सन्त

एकमेक हो गए
करते हुए घोषणा—
इतिहास का अन्त
विचारों का अन्त
हा हन्त! हा हन्त!
कविता का अन्त
प्रभु–महन्त!

जब ईश्वर बौराया
जंगल–जंगल भटके
ज़ब आतंकी हत्यारे
उसके पीछे दौड़ें
जब ईश्वर को भी
मुश्किल से जान बचानी हो
जब भक्तों ने ही
तख़्तों की हठ ठानी हो
वह कठिन समय, हमारा समय।

चमकता हुआ बाज़ार
लपलपाते हुए हथियार
लील लेने को तैयार
समूचा संसार।

मरता हुआ मेसोपोटामिया
घुटता हुआ कोरिया, ईरान
लातीन अमरीका, दक्षिण अफ़्रीका
भूखा इथोपिया
क्यूबा, वियतनाम
ऐसे ही कितने नाम।

अतीत से बाहर
हमारा वर्तमान कितना भयावना
साम्राज्यवादी कर
गहते केश
गिरवी होता जाता
हमारा प्यारा देश।

स्पेशल इकनॉमिक जोन
लखटकिया कार
मोबाइल फोन
चिन्ता से बाहर
आटा, किरासिन, नोन
स्पेशल इकनॉमिक जोन।

किसान बेज़मीन
अपने स्वत्व से हीन
होकर माँगते-फिरते मुआवज़ा
भीख की तरह
भोगने को अभिशप्त सज़ा
लाठियाँ, हत्या, बलात्कार
व्यापक नरसंहार
और एक आतंककारी मौन
स्पेशल इकनॉमिक जोन।

रक्तपात और लूट
देख-देख, टूट-टूट
फिर से एक बार जुड़े,
हम जैसे बहुत लोग
भागते-फिरते हैं छिपे
ऐसे ही लोगों की गही बाँह

हम चारों दोस्तों को
सूझी एक नई राह
हम चारों साथ मुड़े।

7

हम चार दोस्त
निकले वन की ओर
वन दरोगा की आँख बचाकर
एक गिरे पेड़ को
खींचकर लाए
बनाए उसे चीरकर चैले
फिर उपलों के ऊपर धरकर
चिता बनाई।

चौराहे पर
सिनेमा के पोस्टर
चिपकाने के लिए
रखी हुई बाँस की सीढ़ी
को हमने लालच से देखा।

उसकी डाँड़ों को तोड़
कर हमने
उसे मूंज से बाँधा
और टिकठी की शक्ल दी।

हम चार पुरुषों ने
उस पर
लिटा दिए
अपने-अपने अतीत के स्वर्णयुग।

हम चारों ने
अर्थी को अपने
पुनर्शक्तिसम्पन्न कन्धे दिए
हमने अपने स्वर्णयुगों की
चिता जलाई
अपने-अपने मोह
को राख होते हुए देखा।

हम चार पुरुषों ने
हम चार दोस्तों ने
मृत स्वर्णयुगों पर
मिलकर गीत लिखा।

मोहभंग से
ऊपर उठकर
मानो हँसते हुए स्वयं पर
वह शोकगीत यहाँ
फिर से गा नहीं सकते।

✪✪✪